KOKOSNUSS

KOKOSNUSS

40 UNWIDERSTEHLICHE REZEPTE VOLLER ENERGIE

EMILY JONZEN
FOTOS VON CLARE WINFIELD
AUS DEM ENGLISCHEN VON RENATE CHRIST

JAN THORBECKE VERLAG

INHALT

KOKOSNÜSSE SIND SUPER

Der Begriff „Superfood“ wurde in den letzten Jahren ziemlich überstrapaziert und für zahlreiche Zutaten verwendet, von denen manche Hobbyköche vermutlich noch nie etwas gehört haben. Die neueren wissenschaftlichen Forschungen darüber, welche Lebensmittel wir essen und welche wir meiden sollen, können ganz schön verwirrend sein.

Die unzähligen gesundheitlichen Vorteile der bescheidenen Kokosnuss begründen jedoch ihren dauerhaften Status als Superfood. Die Kokosnuss in ihren vielen Formen ist erwiesenermaßen reich an den Vitaminen B, C und E sowie an den Mineralstoffen Selen, Eisen, Kalzium, Magnesium und Phosphor. Kokosmilch ist eine großartige Alternative für Menschen, die keine Kuhmilchprodukte vertragen, während Kokoswasser derart viele Phosphate und natürliche Elektrolyte enthält, dass es zum bevorzugten Regenerationsgetränk für Sportler wurde. Kokosmehl ist eine großartige Ballaststoff- und Proteinquelle. Die Kokosnuss ist aber weit davon entfernt, nur ein Ersatz für Milchprodukte oder glutenhaltiges Mehl zu sein, sondern bietet im Gegenteil einen köstlichen Geschmack und liefert jede Menge Nährstoffe.

DIE VORTEILE DER KOKOSNUSS

Die unendlich vielseitige Kokosnuss kann in einfachen Rezepten für jeden Tag verwendet werden und für Hochgenuss sorgen. Dieses Buch ist nach Zutaten in vier Kapitel eingeteilt. Das Kapitel „Kokosmilch und Kokoswasser“ bietet einfache Rezepte für Smoothies und Säfte, Suppen und Currys, während es in „Kokosöl“ um alltägliche Gerichte – vom Knuspermüsli bis zum Risotto – geht. Im Kapitel „Kokosmehl“ finden Sie köstliche Rezepte für Kuchen, Pfannkuchen und Brot, und das Kapitel „Kokosraspel und Kokoschips“ zeigt Ihnen, wie Sie Gerichte mit der erdigen Nussigkeit der Kokosnuss bereichern können.

DAS BESTE KAUFEN

Kokosprodukte mögen vielleicht etwas teurer sein als ihre regulären Alternativen, aber da sie recht ergiebig sind, sollten Sie nach Möglichkeit die beste Qualität kaufen (s. S. 10–11).

Einkaufstipps

- ♦ Wenn Sie eine frische ganze Kokosnuss kaufen, dann überprüfen Sie ihren Reifegrad, indem Sie sie schütteln. So können Sie sich vergewissern, dass noch reichlich Wasser im Inneren vorhanden ist. Eine trockene Kokosnuss ist nämlich überreif und schmeckt seifig.
- ♦ Vergewissern Sie sich, dass die Schale keine Risse aufweist und dass die dunkelbraunen „Augen“ an einem der beiden Enden unversehrt und trocken sind.

So öffnet man eine Kokosnuss

Um eine Kokosnuss zu öffnen, legt man sie mit den „Augen“ nach oben auf ein stabiles Schneidbrett. Man hält einen Schraubenzieher oder Spieß an jedes Auge, um zu sehen, welches sich am leichtesten einstechen lässt. Dann durchsticht man das Auge und gießt das Wasser ab.

Nun legt man die Kokosnuss auf das Brett und klopft mit der stumpfen Seite eines schweren Messers immer wieder auf die Mitte, während man die Nuss dreht. Irgendwann fängt sie an auseinanderzubrechen. Das Fruchtfleisch kann jetzt mit einem Löffel aus der Schale gelöst werden.

Kokosnüsse aufbewahren

Eine ganze Kokosnuss kann bis zu zwei Monate lang im Kühlschrank aufbewahrt werden. Einmal geöffnet, hält sich das Fruchtfleisch zugedeckt im Kühlschrank drei Tage lang. Alternativ kann das Fruchtfleisch auch gerieben und für bis zu sechs Monate eingefroren werden.

EINKAUF

Da es recht kostspielig sein kann, Kokosnüsse und Kokosprodukte zu kaufen, ist es wichtig, dafür zu sorgen, dass Sie für Ihr Geld das Beste bekommen.

Kokoswasser

Es befindet sich im Inneren der Kokosnuss, und seine Süße variiert je nach Alter und Umgebung. Da es reich an Elektrolyten, Ballaststoffen, Kalium, Magnesium und Phosphor ist, eignet es sich ideal als Getränk nach dem Sport. Aufgrund seines ausgewogenen Zuckergehalts und seines hohen Vitamin- und Mineralstoffgehalts ist es weitaus gesünder als die stark zuckerhaltigen Fruchtsäfte. Glücklicherweise ist es fertig abgepackt erhältlich. Um der Reinheit willen sollten Sie nach Möglichkeit ungesüßte Bioware kaufen. Bewahren Sie eine geöffnete Packung im Kühlschrank auf und brauchen Sie sie innerhalb von drei Tagen auf.

Kokosmilch und Kokossahne

Beides wird hergestellt, indem man geriebenes Fruchtfleisch in heißem Wasser einweicht. Die Sahne steigt nach oben und wird abgeschöpft. Der Rest wird durch ein Käsetuch gepresst, um die dickflüssige Milch zu erhalten. Diese ist eine großartige Alternative zu Kuhmilch, weil sie weder Laktose noch Hormone, dafür aber große Mengen an B-Vitaminen, Eisen und Kupfer enthält.

Kokosmilch und -sahne sind in Dosen und Tetrapacks erhältlich und in gut sortierten Supermärkten zu finden. Bewahren Sie Reste von Kokosmilch oder -sahne im Kühlschrank auf und verbrauchen Sie sie innerhalb von drei Tagen.

Kokosmehl

Es wird aus getrocknetem, gemahlenem Fruchtfleisch hergestellt. Es ist glutenfrei, enthält fast doppelt so viele Ballaststoffe wie Weizenkleie und ist weitaus proteinreicher als Weizen-, Roggen- oder Maismehl. Da es sehr hell ist, eignet es sich gut für Kuchen, Muffins und Pfannkuchen, muss aber unter Umständen mit Xanthan vermischt werden, um das dehnbare Klebereiweiß nachzuahmen, welches Weizenmehlprodukte zusammenhält. Kokosmehl ist sehr aufnahmefähig und quillt bei Kontakt mit Flüssigkeiten auf. Daher ist das Verhältnis von Mehl zu Eiern und anderen Flüssigkeiten ganz anders als bei Weizenmehl.

Kokosmehl ist in großen Supermärkten, in Reformhäusern und übers Internet erhältlich. Kaufen Sie nach Möglichkeit Biomehl. Sie werden davon viel weniger verwenden als von normalem Mehl. Oft benötigen Sie nur 2–3 EL statt 100 g. Nach dem Öffnen kann es in einem luftdicht verschließbaren Behälter an einem kühlen, dunklen Ort aufbewahrt werden.

Kokosraspel und Kokoschips

Hierfür wird das Fruchtfleisch geschnitten oder gerieben, anschließend blanchiert, um Unreinheiten zu entfernen, und schließlich getrocknet, bis der Flüssigkeitsgehalt nur noch bei 3 Prozent (von ursprünglich 19 Prozent) liegt.

Kaufen Sie nach Möglichkeit Bioprodukte. Sie schmecken sowohl roh als auch leicht geröstet köstlich und halten sich in einem luftdicht verschließbaren Behälter mehrere Monate lang.

Kokosblütenzucker

Er wird aus dem gekochten und getrockneten Saft der Blüten der Kokospalmen gewonnen und kann als Ersatz für Rohrzucker verwendet werden. Da er jedoch kräftiger im Geschmack ist und weniger wiegt, sollten Sie ihn nicht 1:1 ersetzen. Er hat einen relativ niedrigen glykämischen Index, weshalb er eine beliebte Alternative für Diabetiker ist. Überprüfen Sie das Etikett, um sicherzugehen, dass Sie reinen Kokosblütenzucker kaufen.

Kokosöl

Bei den meisten Gerichten kann es Olivenoder Sonnenblumenöl ersetzen. Es eignet sich großartig zum Sautieren und sanften Braten. Da es jedoch einen relativ niedrigen Rauchpunkt besitzt (weil es unraffiniert ist), kann man es nicht zum Frittieren oder Braten bei hohen Temperaturen verwenden. Kokosöl besitzt einen süßlichen, nussigen Geschmack, der zu vielen Lebensmitteln passt. Sie können auch geschmacksneutrales Öl kaufen, aber dieses ist stärker verarbeitet und weniger nährstoffreich.

Kokosöl enthält zwar viele gesättigte Fettsäuren, ist aber aufgrund des hohen Anteils an Laurinsäure, die Bluthochdruck verhindert und den Cholesterinspiegel senkt, gut für das Herz. Außerdem geht man davon aus, dass seine antimykotischen, antibakteriellen und antiviralen Eigenschaften das Immunsystem stärken.

Die unzähligen gesundheitlichen Vorteile von Kokosöl wirken am stärksten in unraffiniertem, biologischem, kalt gepresstem und rohem Kokosöl, welches frei von konservierenden Chemikalien ist, die man womöglich in billigerem, raffiniertem Kokosöl finden kann. Hochwertiges Kokosöl kann man inzwischen in vielen Supermärkten und in Reformhäusern kaufen. Bei Zimmertemperatur ist das Öl fest und muss bei Bedarf erst bei niedriger Temperatur auf dem Herd verflüssigt werden. Bewahren Sie es in einem Glas mit fest verschlossenem Deckel auf und schützen Sie es vor direktem Sonnenlicht.

KOKOSMILCH & KOKOSWASSER

GRÜNER KOKOS-MANDEL-SMOOTHIE

*VEGETARISCH *MILCHFREI *GLUTENFREI

Die cremige Nussbutter und das süße Kokoswasser gleichen in diesem erfrischenden Smoothie jeglichen bitteren Geschmack des grünen Gemüses aus. Der perfekte nährstoffreiche Start in den Tag!

2 Portionen

2 Bananen, grob zerkleinert und gefroren
2 EL Nussbutter
2 große Handvoll Spinat
500 ml Kokoswasser
Eiswürfel

1. Alle Zutaten in einen Mixer geben und glatt pürieren. Sofort servieren oder in ein Trinkgefäß zum Mitnehmen füllen und unterwegs genießen.

ORANGEN-INGWER-KOKOS-SAFT

*VEGETARISCH *MILCHFREI *GLUTENFREI

Dieses wärmende, würzige Getränk ist ideal dazu geeignet, winterliche Erkältungen und Fieber zu bekämpfen. Kokoswasser wirkt antibakteriell und antimykotisch, während der Ingwer zusätzlich noch antiviral wirkt.

2 Portionen

2 Orangen, geschält
1 Stück frischer Ingwer (4 cm), geschält
500 ml Kokoswasser
zerstoßenes Eis zum Servieren

1. Die Zutaten in einen Entsafter geben und sofort auf zerstoßenem Eis servieren. Falls Sie keinen Entsafter besitzen, pressen Sie die Orangen aus und geben den Saft in eine Kanne. Den Ingwer fein reiben und hinzufügen. Das Kokoswasser hinzufügen, umrühren und über Eis gießen.

HEISSE SCHOKOLADE MIT KARDAMOM

*VEGETARISCH *GLUTENFREI

Durch ihre Cremigkeit eignet sich Kokosmilch ideal für eine luxuriöse heiße Schokolade. Außerdem enthält sie mehr Eisen und Kupfer als Kuhmilch, welche dabei helfen, Ihr Immunsystem gesund zu erhalten. Machen Sie es sich mit dieser dekadenten, aromatischen Leckerei gemütlich.

2 Portionen

250 ml Kokosmilch
250 ml kochendes Wasser
2 grüne Kardamomkapseln, mit einem Messerrücken gespalten
100 g hochwertige dunkle Schokolade (mindestens 70 Prozent Kakaoanteil), fein gehackt
Meersalz
Ahornsirup

1. Die Kokosmilch in einem kleinen Topf mit dem Wasser und dem Kardamom auf niedriger Stufe erhitzen, bis sie siedet. Von der Kochstelle nehmen, die Schokolade hinzufügen und so lange rühren, bis sie geschmolzen ist.

2. Zum Servieren 1 Prise Salz und Ahornsirup nach Belieben hinzufügen. Bei Bedarf nochmals erhitzen, aber nicht kochen lassen. In Becher füllen.

Hierzu passen ganz ausgezeichnet die Sauerkirsch-Plätzchen von S. 87.

BIRCHER-MÜSLI MIT KOKOSNUSS UND BEEREN

*VEGETARISCH *MILCHFREI

Diese Variante des schweizerischen Klassikers weicht über Nacht in Kokosmilch und Apfelsaft ein, um am nächsten Morgen mit Beeren und Apfel genossen zu werden. Im Rezept steht, das Müsli solle mit Himbeeren bestreut werden, aber jedes andere Obst passt genauso gut.

2 Portionen

50 g Haferflocken
150 ml Kokosmilch
100 ml Apfelsaft (nicht aus Konzentrat)

Zum Servieren

30 g ganze Mandeln, grob gehackt
1 Tafelapfel, geraspelt
150 g frische oder tiefgefrorene Himbeeren
Ahornsirup (nach Belieben)

1. Die Haferflocken in eine Schüssel oder einen Messbecher geben und mit der Kokosmilch und dem Apfelsaft übergießen. Zugedeckt für mindestens 2 Stunden, am besten über Nacht in den Kühlschrank stellen.

2. Zum Servieren das Müsli auf 2 Schüsseln verteilen und bei Bedarf mit etwas zusätzlichem Saft verdünnen. Mit den Mandeln, dem Apfel und den Himbeeren bestreuen und mit Ahornsirup beträufelt (nach Belieben) servieren.

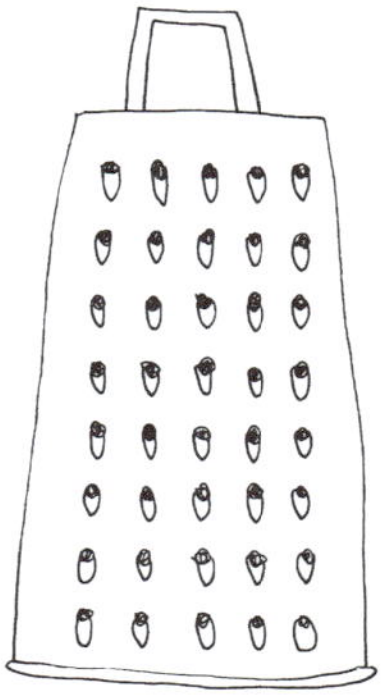

BANANEN-BEEREN-SMOOTHIE-BOWL

*VEGETARISCH *MILCHFREI *GLUTENFREI

Beginnen Sie den Tag mit einem leuchtend bunten Smoothie zum Löffeln. Dies ist eine überaus köstliche Art und Weise, schon früh am Morgen jede Menge Nährstoffe zu sich zu nehmen.

2 Portionen

2 Bananen, 1 grob zerkleinert und gefroren, 1 ganz
200 ml Kokosmilch
1 Tafelapfel, in Stücke geschnitten
2 EL Chia-Samen
400 g gemischte Beeren (z.B. Blaubeeren, Himbeeren und Erdbeeren)
gefiltertes Wasser oder Quellwasser

Zum Servieren
2 EL gemischte Körner
2 EL Kokoschips

1. Die gefrorene Banane, die Kokosmilch, den Apfel und die Chia-Samen in einen Mixer oder eine Küchenmaschine geben. Ein paar Beeren für die Dekoration beiseitelegen, den Rest hinzufügen. Alles fein pürieren, bei Bedarf ein wenig Wasser zum Verdünnen hinzufügen.

2. Die Smoothie Bowl auf 2 Schüsseln verteilen und mit den restlichen Beeren, den gemischten Körnern und den Kokoschips bestreuen. Die restliche Banane in Scheiben schneiden und vor dem Servieren um die anderen Zutaten herum auf die Smoothie Bowls legen.

Nehmen Sie tiefgekühlte Beeren, falls frische gerade keine Saison haben. Die sind billiger und verleihen der Smoothie Bowl eine sämigere, leicht cremige Konsistenz.

GARNELEN-TACOS MIT KOKOSNUSS UND LIMETTE

*MILCHFREI

Diese leichten und aromatischen Tacos eignen sich prima für ein schnelles und einfaches Mittag- oder Abendessen. Die nahrhafte Kokosnuss wird hier perfekt ergänzt durch die Avocado, die für das Herz gesunde, einfach ungesättigte Fettsäuren sowie Kalium und Ballaststoffe in großen Mengen enthält.

4 Portionen

100 ml Kokosmilch
Saft und Schale von 1 unbehandelten Limette
1 kleine Handvoll Korianderstängel, fein gehackt
190 g rohe Riesengarnelen (King Prawns)
Meersalz
1 Prise Chiliflocken
2 TL Kokosöl
4 kleine Maistortillas

Zum Servieren

1 reife Avocado, in feine Scheiben geschnitten
2 Frühlingszwiebeln, in feine Scheiben/Ringe geschnitten
1 kleine Handvoll Korianderblätter, grob gehackt
Tabasco (optional)

1. Bereiten Sie zuerst das Dressing zu. Hierfür die Kokosmilch glatt rühren, den Limettensaft und die gehackten Korianderstängel unterrühren und beiseitestellen.

2. Die Garnelen mit einer Prise Salz, den Chiliflocken und der Limettenschale in einer Schüssel, die nicht aus Metall ist, vermengen. Eine antihaftbeschichtete Pfanne heiß werden lassen und das Kokosöl hinzufügen. Die Garnelen in die Pfanne geben und unter gelegentlichem Wenden 1–2 Minuten lang scharf anbraten, bis sie gar und goldbraun sind. Mit einem Schaumlöffel aus der Pfanne nehmen und beiseitestellen.

3. Die Pfanne mit einem Blatt Küchenpapier ausreiben und die Tortillas darin ca. 10 Sekunden lang erhitzen, damit sie warm und biegsam werden.

4. Eine Tortilla mit einer Portion Avocadoscheiben und Frühlingszwiebeln belegen, gefolgt von den Garnelen. Mit Korianderblättchen bestreuen, mit dem Dressing beträufeln und zuletzt nach Belieben mit einem Spritzer Tabasco würzen. Zusammenklappen und sofort servieren.

HÜHNERSUPPE MIT MINI-MAIS UND LIMETTE

*MILCHFREI

Diese delikat gewürzte, aromatische Suppe ist ein tolles Gericht für jede Jahreszeit. Traditionellerweise ist sie ziemlich scharf, aber Sie können den Chiligehalt an Ihren persönlichen Geschmack anpassen.

4 Portionen

1 EL Kokosöl
1 Stück frischer Ingwer (5 cm), geschält, in groben Scheiben
4 Schalotten, geschält und halbiert
4 Kaffirlimettenblätter oder die Schale von 2 unbehandelten Limetten
1–2 grüne Chilischoten (je nach Schärfe-Vorliebe), längs halbiert
2 Zitronengrasstängel, mit einem Messerrücken gequetscht
2 Hähnchenkeulen mit Haut
1,2 l gute Hühnerbrühe
1 Dose Kokosmilch (400 ml)
2 TL Kokosblüten- oder Palmzucker
150 g Mini-Maiskolben, in Stücke geschnitten
200 g Champignons oder Shiitake-Pilze, in Scheiben geschnitten
1 ½ EL Fischsauce
Saft von 1 Limette und zusätzlich Limettenspalten zum Servieren
1 Handvoll Koriander, grob gehackt

1. Das Öl in einem großen Topf auf mittlerer Stufe erhitzen. Ingwer, Schalotten, Limettenblätter oder -schale, Chilischoten und Zitronengras hinzufügen und 2–3 Minuten lang anschwitzen, bis alles ein wenig Farbe angenommen hat.

2. Die Hähnchenkeulen hinzufügen und weitere 3–4 Minuten lang anbraten, bis sie goldgelb sind. Mit der Brühe ablöschen und alles zum Kochen bringen. Die Hitze reduzieren und die Suppe 20–25 Minuten lang köcheln lassen, bis der austretende Fleischsaft klar ist. Die Hähnchenkeulen aus dem Topf nehmen und beiseitestellen, damit sie etwas abkühlen können. Anschließend das Fleisch vom Knochen lösen und in mundgerechte Stücke zupfen.

3. Die Kochflüssigkeit durch ein Sieb in einen anderen großen Topf gießen. Dabei die Zutaten ausdrücken, um so viel Geschmack wie möglich zu erhalten. Die Kokosmilch zusammen mit dem Zucker in den Topf geben. Die Suppe zum Sieden bringen, dann den Mais und die Pilze hinzufügen und weitere 2 Minuten köcheln lassen. Das Hähnchenfleisch wieder in den Topf geben und in der Suppe heiß werden lassen. Fischsauce und Limettensaft unterrühren.

4. Die Suppe in Schüsseln füllen und mit Korianderblättern bestreut servieren. Limettenspalten dazu reichen.

CREMIGES DAL MIT ROTEN LINSEN UND KOKOSNUSS

*VEGETARISCH *MILCHFREI *GLUTENFREI

Für dieses Gericht benötigen Sie ein paar Gewürze, aber wenn Sie die einmal gekauft haben, dann wird es zu einem wunderbaren Abendessen, das sie aus Zutaten aus Ihrem Vorratsschrank zubereiten können. Knoblauch ist eine großartige Quelle für Vitamin C und Mangan sowie für Mineralstoffe wie Kalzium und Kalium. Ingwer ist gut für die Durchblutung und wird seit Generationen als Mittel gegen Entzündungen und Übelkeit angewandt.

4 Portionen

1 EL Kokosöl
2 Knoblauchzehen, gepresst
1 Stück frischer Ingwer (2–5 cm), geschält und fein gerieben
1 grüne Chilischote, fein gehackt
1 TL weiße Senfkörner
½ TL Schwarzkümmelkörner
1 TL Kreuzkümmelkörner
1 Zwiebel, in feine Scheiben geschnitten
½ TL Kurkumapulver
200 g rote Linsen
400 g Tomatenstücke aus der Dose
1 Dose Kokosmilch (400 ml)
Meersalz und frisch gemahlener schwarzer Pfeffer

Zum Servieren

1 Handvoll Korianderblätter
Naturjoghurt (optional)

1. Das Öl in einer großen Bratpfanne auf niedriger bis mittlerer Stufe erhitzen. Knoblauch, Ingwer und Chili hinzufügen und ca. 1 Minute lang anschwitzen, bis sie duften. Alle Gewürzkörner 1 Minute lang mit anschwitzen, bis sie leicht geröstet und aromatisch riechen. Die Zwiebel untermengen und in 5–6 Minuten glasig dünsten. Das Kurkumapulver unterrühren und das Ganze 1 letzte Minute lang braten, anschließend die Linsen hinzufügen.

2. Die Tomatenstücke und die Kokosmilch hinzufügen und nach Geschmack würzen. Die Tomatendose zur Hälfte mit Wasser füllen und dieses in den Topf schütten. Die Mischung einmal aufkochen lassen und anschließend die Hitze so weit reduzieren, dass sie nur noch siedet. Das Dal 20–25 Minuten lang leise vor sich hin köcheln lassen, bis die Linsen weich und die Flüssigkeit reduziert ist.

3. Das Dal auf vier Schüsseln verteilen, mit Korianderblättchen bestreuen und mit einem Klecks Joghurt servieren. Dazu passt auch gut das Körner-Kokosmehl-Brot von S. 60.

BLUMENKOHL-KNOBLAUCH-SUPPE

*VEGETARISCH *MILCHFREI

Wenn man Blumenkohl und Knoblauch röstet, fördert das ihre natürliche Nussigkeit und Süße zutage. Diese Suppe steht für Einfachheit im besten Sinne: wenige Zutaten, die durch die beruhigende Cremigkeit der Kokosmilch zusammengehalten werden.

4 Portionen

1 Knoblauchknolle, quer halbiert
2 EL Kokosöl, zerlassen
800 g Blumenkohl, in Röschen geteilt
1 Zwiebel, in Scheiben geschnitten
Meersalz und frisch gemahlener schwarzer Pfeffer
250 ml Kokosmilch
750 ml hochwertige Gemüsebrühe

Zum Servieren

1 Handvoll Petersilie, grob gehackt

1. Den Backofen auf 200 °C (Umluft 180 °C) vorheizen. Die Knoblauchhälften mit ein bisschen Kokosöl beträufeln und in Alufolie einwickeln. Auf ein Backblech legen und 20 Minuten lang im Ofen rösten.

2. Den Blumenkohl und die Zwiebel auf ein weiteres Backblech geben und mit dem restlichen Kokosöl beträufeln. Etwas würzen und einmal gründlich durchrühren. In den Backofen schieben und 20–25 Minuten lang rösten, bis das Gemüse goldgelb und gerade weich ist. Beide Bleche aus dem Ofen nehmen. Nun sollte der Knoblauch goldgelb und vollständig weich sein.

3. Blumenkohl und Zwiebel in eine Küchenmaschine geben. Den Knoblauch aus seinen papiernen Häutchen drücken und zusammen mit der Kokosmilch in die Küchenmaschine geben. Zu einem glatten Püree verarbeiten und in einen Topf umfüllen. Die Brühe hinzufügen und das Ganze so lange erhitzen, bis es siedet. Mit Salz und Pfeffer abschmecken.

4. Die Suppe auf Schüsseln verteilen und mit der Petersilie bestreuen.

VANILLE-CHIA-PUDDING MIT PFIRSICH

*VEGETARISCH *MILCHFREI *GLUTENFREI

Die nährstoffreichen Chia-Samen werden von den guten Fetten in der Kokosmilch unterstützt – eine unschlagbare Kombination! Dieser Pudding ergibt auch ein großartiges leichtes Frühstück vor sportlicher Betätigung. Pfirsiche passen perfekt dazu, aber der Pudding schmeckt auch mit jeglichem anderem Obst köstlich.

2 Portionen

40 g Chia-Samen
Mark von 1 Vanilleschote
200 ml Kokosmilch
200 ml Mandelmilch

Zum Servieren
1 reifer Pfirsich, entsteint und in Scheiben geschnitten
1 kleine Handvoll Pistazien (ca. 20 g), grob gehackt

1. Die Chia-Samen in eine Kanne oder eine Schüssel geben, das Vanillemark hinzufügen und die beiden Milchsorten darübergießen. So lange rühren, bis alles gut vermischt ist. Anschließend die Mischung auf zwei Schüsseln oder Gläser verteilen. Für mindestens 2 Stunden oder über Nacht in den Kühlschrank stellen.

2. Zum Servieren jede Portion mit Pfirsichscheiben belegen und mit Pistazien bestreuen.

Um das Mark aus einer Vanilleschote zu bekommen, halbiert man sie mit einem Messer der Länge nach und schabt dann das Mark heraus.

KOKOSCREME MIT GEGRILLTER ANANAS

*MILCHFREI *GLUTEN-FREE

Diese kleinen Desserts sind der pure Kokosgenuss. Die leichte Säure der Ananas bildet das perfekte Gegengewicht zur gehaltvollen, sahnigen Süße der Creme. Sie ist einfach genug, um sie unter der Woche für sich selbst zuzubereiten, aber gleichzeitig beeindruckend genug, um sie als Nachtisch bei einer Einladung zu servieren.

4 Portionen

4 Blatt Gelatine
600 ml Kokosmilch
50 g Kokosblütenzucker
1 Vanilleschote, längs halbiert, das Mark mit einem Messer herausgeschabt
ein wenig frisch geriebene Muskatnuss
½ Ananas, der Länge nach in 8 Spalten geschnitten

1. Die Blattgelatine in eine Schüssel mit kaltem Wasser geben und untertauchen. Beiseitestellen und 5 Minuten lang einweichen lassen.

2. Die Kokosmilch mit dem Kokosblütenzucker, dem Vanillemark und der Schote sowie der Muskatnuss in einem Topf so lange behutsam erhitzen, bis die Mischung gerade so siedet.
Die Vanilleschote herausnehmen und entsorgen.

3. Die eingeweichte Gelatine aus dem Wasser nehmen, zur Kokosmilchmischung geben und so lange rühren, bis sie sich vollständig aufgelöst hat. In 4 Gläser oder Förmchen füllen und mindestens 2 Stunden lang kalt stellen, bis die Creme fest ist.

4. Eine Grillpfanne auf mittlerer Stufe erhitzen. Die Ananasspalten von jeder Seite 2 Minuten lang anbraten, bis sie leicht karamellisiert sind. Beiseitestellen und etwas abkühlen lassen.

5. Auf Teller verteilen und mit der Kokoscreme servieren.

SUPERSCHNELLE EISCREME

*VEGETARISCH *MILCHFREI *GLUTENFREI

Die Zubereitung dieser Eiscreme grenzt wirklich an Zauberei! Gefrorenes Obst und gefrorene Kokosmilch werden so lange püriert, bis sie sich in luftig-leichte Eiscreme verwandeln. Am besten genießt man sie sofort, sie kann aber auch nach der Zubereitung eingefroren werden.

4 Portionen

4 große reife Bananen, in dicke Scheiben geschnitten und mindestens 8 Stunden lang eingefroren
200 ml Kokosmilch, in einen Tiefkühlbeutel oder einen Eiswürfelbehälter gefüllt und mindestens 8 Stunden lang eingefroren

Zum Servieren
1 Prise Zimt
Kokoschips

1. Die Bananen und die Kokosmilch aus dem Tiefkühlfach holen und in eine Küchenmaschine geben. 3–4 Minuten lang zerkleinern, bis die Masse vollständig homogen und zu einer luftig-leichten Eiscreme aufgeschlagen ist.

2. Mit Zimtpulver bestäubt und Kokoschips bestreut sofort servieren.

Wenn Sie das Eis nach der Zubereitung einfrieren, dann nehmen Sie es 10–15 Minuten vor dem Servieren aus dem Tiefkühlfach.

KOKOSÖL

NUSS-GRANOLA

*VEGETARISCH *MILCHFREI

Selbst gemachtes Knuspermüsli ist nicht nur billiger, sondern schmeckt auch um Einiges leckerer als gekauftes. Sie können den Vorteil sogar noch verdoppeln, indem Sie es mit Kokosjoghurt oder -milch servieren. Oder streuen Sie es über Ihren Lieblings-Smoothie (probieren Sie doch einmal die von S. 14 und S. 20).

Ergibt 12–16 Portionen

500 g Haferflocken
4 EL Kokosöl, zerlassen
4 EL Ahornsirup
1 TL Vanilleextrakt
100 g gemischte Körner (z.B. Kürbis- oder Sonnenblumenkerne, Chia-Samen)
150 g gemischte Nüsse (Cashewkerne, Mandeln und Pekannüsse passen toll), grob gehackt
100 g getrocknete Beeren (z.B. Kirschen, Cranberrys und Blaubeeren)

1. Den Backofen auf 170 °C (Umluft 150 °C) vorheizen. Die Haferflocken in eine große Schüssel geben und mit Öl, Ahornsirup und Vanilleextrakt beträufeln. Die Kerne und Nüsse hinzufügen und alles gründlich vermischen.

2. Das Müsli auf zwei mit Backpapier ausgelegte Backbleche verteilen und 15–20 Minuten lang im Backofen rösten, bis es knusprig und goldgelb ist.

3. Das Müsli abkühlen lassen, anschließend die Beeren untermischen. In einen luftdicht verschließbaren Behälter umfüllen. Dort hält es sich ca. 1 Monat lang.

ROTE-BETE-MEERRETTICH-SUPPE

*VEGETARISCH

Diese wärmende, saisonale Suppe eignet sich perfekt für ein Mittagessen im Winter. Die Rote Bete steckt voller Antioxidantien und bekommt durch das Vitamin C und das Zink des Meerrettichs Unterstützung – ein großartiges Gericht, um winterliche Erkältungen in Schach zu halten. Sie können den Sahnemeerrettich entweder schon spiralförmig in die Suppe rühren oder in einer separaten Schüssel servieren, damit sich jeder so viel nehmen kann, wie er möchte.

4 Portionen

1 EL Kokosöl
1 Zwiebel, fein gehackt
1 kg Rote Bete, geschält und grob gehackt
einige Zweige Thymian, Blätter abgezupft
1 l hochwertige Gemüsebrühe
Meersalz und frisch gemahlener schwarzer Pfeffer

Zum Servieren

2 TL geriebener Meerrettich
125 g saure Sahne oder Joghurt
1 Handvoll Petersilie grob gehackt

1. Das Öl in einem großen Topf auf niedriger bis mittlerer Stufe erhitzen. Die Zwiebeln hinzufügen und unter gelegentlichem Rühren in 5–6 Minuten glasig dünsten. Die Rote-Bete-Stücke hinzufügen und ebenfalls 2–3 Minuten lang anschwitzen. Den Thymian hinzufügen, die Brühe angießen und 25–30 Minuten lang köcheln lassen, bis die Rote Bete weich ist.

2. Die Suppe in einer Küchenmaschine oder einem Mixer pürieren. Wieder in den Topf füllen und leicht erhitzen. Mit Salz und Pfeffer abschmecken.

3. Die Suppe in Schüsseln füllen. Den Meerrettich mit der sauren Sahne bzw. dem Joghurt verquirlen und spiralförmig unter die Suppe rühren. Mit Petersilie bestreuen.

Falls Sie keinen frischen Meerrettich bekommen, können Sie auf Meerrettich im Glas zurückzugreifen, aber Sie sollten den scharfen, geriebenen nehmen, nicht den Sahnemeerrettich.

SÜSSKARTOFFEL-HARISSA-SUPPE

*VEGETARISCH *MILCHFREI

In dieser samtigen und sättigenden Suppe bilden die Süßkartoffeln und die gehaltvolle, cremige Kokosnuss sowie die erdigen Gewürze ein brillantes Team. Die Suppe lässt sich auch sehr gut einfrieren.

4 Portionen

1 EL Kokosöl
1 Zwiebel, fein gehackt
1 TL Kreuzkümmelpulver
800 g Süßkartoffeln, geschält und in kleine Stücke geschnitten
1 l hochwertige Gemüsebrühe
250 ml Kokosmilch
Meersalz und frisch gemahlener schwarzer Pfeffer

Zum Servieren
2 TL hochwertige Harissa
1 Prise Chiliflocken

1. Das Öl in einem großen Topf auf niedriger bis mittlerer Stufe erhitzen. Die Zwiebel darin unter gelegentlichem Rühren in 5–6 Minuten glasig dünsten. Den Kreuzkümmel hinzufügen und 1 Minute lang mit anschwitzen, bis Sie das Gewürz riechen können. Die Süßkartoffelstücke hinzufügen und ca. 1 Minute lang braten, bis sie leicht goldgelb sind.

2. Brühe und Kokosmilch hinzufügen und 15–20 Minuten lang köcheln lassen, bis die Süßkartoffeln weich sind. Die Suppe in eine Küchenmaschine umfüllen und glatt pürieren. Mit Salz und Pfeffer abschmecken.

3. Zum Servieren in Schüsseln füllen, ein wenig Harissa spiralförmig einrühren und mit Chiliflocken bestreuen.

Zu dieser Suppe passen ganz hervorragend die Kräuter-Fladenbrote von S. 63.

MEXIKANISCHE SPIEGEL-EIER

*VEGETARISCH *MILCHFREI *GLUTENFREI

Diese deftige und gehaltvolle Eierspeise ergibt ein sehr sättigendes Brunchgericht. Wenn es mal schneller gehen soll, können Sie die Tomatensauce schon am Vortag zubereiten und dann einfach wieder erhitzen, bevor Sie die Eier hineingleiten lassen.

2 Portionen

2 TL Kokosöl
1 rote Zwiebel, in feine Scheiben geschnitten
2 Knoblauchzehen, gepresst
1 rote Paprikaschote, in feine Streifen geschnitten
½ rote Chilischote, fein gehackt
400 g Tomatenstücke aus der Dose
Meersalz und frisch gemahlener schwarzer Pfeffer
100 g Grünkohlblätter (die harten Stängel entfernt), fein gehackt
4 mittelgroße Eier

Zum Servieren

1 Handvoll Koriander

1. Den Backofen auf 200 °C (Umluft 180 °C) vorheizen. Das Öl bei milder bis mittlerer Hitze in einer mittelgroßen backofengeeigneten Bratpfanne erhitzen. Die Zwiebel darin in 6–8 Minuten glasig dünsten. Falls die Zwiebeln während des Bratens anhängen, können Sie einen Spritzer Wasser hinzufügen.

2. Knoblauch, Paprika und Chili in die Pfanne geben und 2–3 Minuten lang braten, bis der Knoblauch duftet und die Paprikastreifen etwas Farbe annehmen. Die Tomatenstücke hinzufügen und 5 Minuten lang köcheln lassen, bis die Sauce etwas reduziert ist und die Paprikastreifen weich sind. Behutsam salzen und pfeffern.

3. Den Grünkohl unterziehen und in die Sauce 4 Vertiefungen drücken. Die Eier aufschlagen, in jede Vertiefung ein Ei setzen und die Pfanne für 4–5 Minuten in den Backofen stellen bzw. so lange, bis die Eier die von Ihnen gewünschte Konsistenz besitzen. Zum Servieren mit dem Koriander bestreuen, die Pfanne auf den Tisch stellen und zugreifen.

PILZOMELETT MIT SPINAT UND FETA

*VEGETARISCH *GLUTENFREI

Dieses Omelett ist wunderbar einfach in der Zubereitung, und dank des Proteins aus den Eiern und dem Feta hält es Sie stundenlang satt. Eier und Pilze enthalten auch reichlich Selen und Vitamin D.

Ergibt 2 Stück

3 TL Kokosöl
1 Knoblauchzehe, in feine Scheiben geschnitten
100 g braune Champignons, in Scheiben geschnitten
50 g Feta, zerkrümelt
4 mittelgroße Eier, verquirlt
Meersalz und frisch gemahlener schwarzer Pfeffer

Zum Servieren

1 große Handvoll junger Spinat
Zitronensaft

1. 1 TL Öl in einer mittelgroßen antihaftbeschichteten Pfanne auf mittlerer Stufe erhitzen. Den Knoblauch darin ein paar Minuten lang braten. Die Pilze hinzufügen und unter gelegentlichem Rühren in 2–3 Minuten goldbraun braten. Mit einem Schaumlöffel aus der Pfanne nehmen und in eine Schüssel umfüllen. Die Pilze mit dem Feta vermengen und beiseitestellen.

2. Die Pfanne wieder aufsetzen und erneut 1 TL Öl hinzufügen. Die Hitzezufuhr etwas reduzieren, die verquirlten Eier mit je einer Prise Salz und Pfeffer würzen und die Hälfte der Eiermasse in die Pfanne gießen. Die Pfanne schwenken, damit sich das Ei darin verteilt, und das Ei mit einem Pfannenspatel verrühren, bis es anfängt zu stocken. Wenn das Ei fast gestockt ist (nach ca. 2 Minuten), die Hälfte der Pilz-Feta-Mischung auf eine Hälfte des Omeletts geben, mit Spinatblättern belegen und mit etwas Zitronensaft beträufeln. Vorsichtig die zweite Hälfte über die Füllung klappen und das Omelett auf einen Teller gleiten lassen.

3. Den Vorgang mit der restlichen Eiermasse wiederholen, um ein zweites Omelett zu erhalten, und auf flachen Tellern servieren.

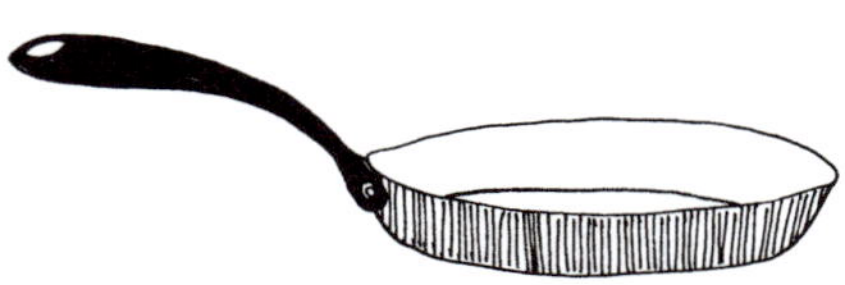

SÜSSKARTOFFELSPALTEN MIT PAPRIKAPULVER UND LIMETTEN

*VEGETARISCH *MILCHFREI *GLUTENFREI

Diese Süßkartoffelspalten sind eine leichte und rauchige Version der klassischen Pommes frites und schmecken einfach köstlich mit einer scharfen Mayonnaise oder als Beilage. Außerdem stecken sie voller Vitamin A, welches gut für eine gesunde Haut ist. Sie passen ganz ausgezeichnet zu den Putenfrikadellen von S. 57.

4 Portionen

600 g Süßkartoffeln, geschrubbt und in je 8 Spalten geschnitten
Schale von 2 unbehandelten Limetten
Meersalz und frisch gemahlener schwarzer Pfeffer
1 ½ TL mildes geräuchertes Paprikapulver
1 ½ EL Kokosöl, zerlassen
4 EL hochwertige Mayonnaise
Tabasco

1. Den Backofen auf 200 °C (Umluft 180 °C) vorheizen. Die Süßkartoffelspalten in eine große Schüssel geben und mit der abgeriebenen Schale von 1 Limette, je einer Prise Salz und Pfeffer sowie dem Paprikapulver bestreuen. Mit dem Kokosöl beträufeln und alles gründlich miteinander vermengen.

2. Die Spalten in einer Lage auf ein Backblech legen und 20–25 Minuten lang backen, bis sie goldbraun und knusprig sind. Nach der Hälfte der Zeit einmal umdrehen.

3. Die Mayonnaise mit der restlichen Limettenschale und ein paar Tropfen Tabasco vermischen und zu den Süßkartoffelspalten reichen.

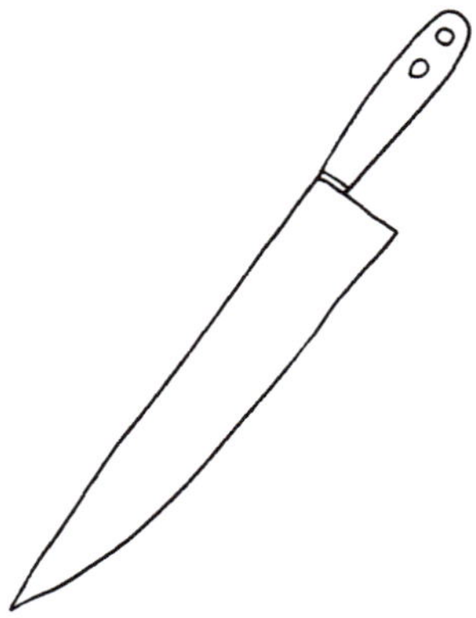

SAUCE AUS LANGSAM GERÖSTETEN TOMATEN

*VEGETARISCH *MILCHFREI *GLUTENFREI

Wenn man Tomaten langsam röstet, bringt das ihre natürliche Süße auf wundervolle Weise zur Geltung. Diese rustikale Sauce schmeckt so wie sie ist zu Nudeln Ihrer Wahl, Sie können sie aber auch fein pürieren.

6–8 Portionen

1 kg reife oder überreife Tomaten, halbiert
1 kleine Zwiebel, gehackt
4 dicke Knoblauchzehen, fein gehackt
2 EL Kokosöl, zerlassen
1 Prise Zucker
Meersalz und frisch gemahlener schwarzer Pfeffer

Zum Servieren
1 Handvoll Basilikumblätter

1. Den Backofen auf 180 °C (Umluft 160 °C) vorheizen. Die Tomaten mit der Schnittfläche nach oben in einer Lage auf ein oder zwei Backbleche legen. Die Zwiebelwürfel über den Tomatenhälften verteilen und auf jede Tomatenhälfte eine kleine Menge gehackten Knoblauchs geben. Mit dem Öl beträufeln und mit Zucker, Salz und Pfeffer würzen.

2. Die Tomaten im Ofen 50–60 Minuten lang rösten, bis sie vollständig weich und die Schalen leicht gebräunt sind.

3. Sie können die Tomaten entweder ganz lassen, mit Nudeln Ihrer Wahl vermischen und mit Basilikumblättchen bestreuen oder im Mixer zu einer stückigen Sauce verarbeiten.

Die gerösteten Tomaten halten sich als Hälften oder püriert zugedeckt im Kühlschrank etwa eine Woche lang.

PERLGRAUPEN-KÜRBIS-RISOTTO

*VEGETARISCH *MILCHFREI

In diesem delikaten Risotto bieten Perlgraupen eine vollwertige und nährstoffreiche Alternative zu Reis. Sie enthalten einen weitaus höheren Anteil an Ballaststoffen als Natur- oder weißer Reis, was einer guten Verdauung zuträglich ist.

4 Portionen

3 TL Kokosöl
1 kleiner Butternusskürbis (700–800 g), geschält und in 1–2 cm große Würfel geschnitten
2 Schalotten, geschält und fein gehackt
2 Knoblauchzehen, gepresst
1 kleine Handvoll Salbeiblätter, grob gehackt (eine kleine Menge zur Dekoration aufbewahren)
300 g Perlgraupen
1,5 l hochwertige Gemüsebrühe
Saft von ½ Zitrone

Zum Servieren

Meersalz und frisch gemahlener schwarzer Pfeffer
1 Handvoll Petersilie, fein gehackt

1. 2 TL Öl in einer großen Bratpfanne auf mittlerer Stufe erhitzen. Die Kürbiswürfel darin unter gelegentlichem Umrühren in 3–4 Minuten goldbraun braten. Aus der Pfanne nehmen und beiseitestellen.

2. Das restliche Öl in die Pfanne geben, die Hitze etwas reduzieren und die Schalotten darin in 4–5 Minuten glasig dünsten. Den Knoblauch und die Hälfte des Salbeis hinzufügen und 1 Minute lang mit anschwitzen, bis der Knoblauch duftet.

3. Die Graupen in die Pfanne geben und unter Rühren 1–2 Minuten lang leicht rösten. Eine Kelle Brühe in die Pfanne geben und unter gelegentlichem Rühren so lange köcheln lassen, bis die Brühe von den Graupen aufgenommen wurde. Die Brühe auf diese Art weiterhin hinzufügen und unterrühren, zuletzt den Zitronensaft hinzufügen.

4. Nach 15 Minuten die Kürbiswürfel in das Risotto geben und weitere ca. 15 Minuten lang köcheln lassen, bis die Graupen weich sind und die ganze Brühe verbraucht ist.

5. Das Risotto auf Teller verteilen und mit dem restlichen Salbei, der Petersilie sowie je einer Prise Salz und Pfeffer bestreuen.

GARNELEN MIT ASIATISCHEM GEMÜSE UND NUDELN

*MILCHFREI *GLUTENFREI

Dieses aromatische und nahrhafte Pfannengericht kann in weniger als 30 Minuten gezaubert werden – ideal für ein leichtes Abendessen unter der Woche.

4 Portionen

200 g braune Reisnudeln
1 EL Kokosöl
1 Stück Ingwer (2 cm), geschält und fein gerieben
2 Knoblauchzehen, gepresst
2 Pak Choi, Stängel und Blätter getrennt grob in Streifen geschnitten
150 g Zuckerschoten, halbiert
180 g rohe Riesengarnelen, entdarmt, falls nötig

Für die Sauce

2 EL Tamari
2 TL Kokosblüten- oder Palmzucker
Saft von 1 Limette
1 rote Chilischote, fein gehackt

Zum Servieren

2 Frühlingszwiebeln, fein gehackt
1 EL Sesamkörner, geröstet

1. Zuerst die Nudeln in einer Schüssel mit kochendem Wasser 5 Minuten lang einweichen, bis sie fast weich sind. Abgießen, unter kaltem Wasser abspülen und beiseitestellen.

2. Nun die Sauce zubereiten. Hierfür Tamari, Zucker, Limettensaft und Chilistückchen miteinander verrühren und beiseitestellen.

3. Das Öl in einer großen Pfanne oder einem Wok auf mittlerer Stufe erhitzen. Ingwer und Knoblauch hinzufügen und unter Rühren 1 Minute lang anbraten. Pak-Choi-Stängel und Zuckerschoten hinzufügen und unter Rühren 1 Minute lang anbraten. Dann die Garnelen hinzufügen und ebenfalls 1 Minute lang braten. Anschließend mit der Sauce übergießen und diese 1 Minute lang köcheln lassen, bis die Garnelen gar sind und die Sauce etwas reduziert ist.

4. Die Pak-Choi-Blätter hinzufügen und 1 Minute lang unter Rühren garen lassen, bis sie leicht zusammenfallen. Die Nudeln in die Pfanne geben, um sie wieder aufzuwärmen. Alles miteinander vermengen und auf Teller oder Schüsseln verteilen. Mit Frühlingszwiebeln und Sesamkörnern bestreut servieren.

AUBERGINEN-LACHS-SPIESSE MIT MISO-MARINADE

*MILCHFREI

Diese Spieße sind ganz leicht zuzubereiten und schmecken doch unglaublich köstlich. Die weiße Misopaste karamellisiert unter dem heißen Backofengrill zu einer perfekt ausgewogenen salzigen Süße, die Ihre ganze Familie lieben wird.

4 Portionen

Für die Marinade

50 g weiße Misopaste
2 TL Kokosöl, zerlassen
2 EL Mirin
1 EL Tamari
1 Stück frischer Ingwer (2,5 cm), geschält und fein gerieben

Für die Spieße

1 Aubergine, längs halbiert, jede Hälfte in 8 Stücke geschnitten
4 Lachsfilets ohne Haut, quer halbiert

Zum Servieren

1 EL Sesamkörner
2 Frühlingszwiebeln, in feine Scheiben/Ringe geschnitten
1 Handvoll frische Kräuter (Koriander passt gut)

1. Bereiten Sie als Erstes die Marinade zu. Hierfür die Misopaste in eine Schüssel geben und mit Kokosöl, Mirin, Tamari und Ingwer verquirlen.

2. Die Auberginenwürfel und die Lachsfilets in die Schüssel geben und gründlich mit der Marinade vermengen. Für maximal 1 Stunde in den Kühlschrank stellen oder sofort weiterverarbeiten.

3. Den Grill auf hoher Stufe vorheizen. Auf jeden Spieß ein Auberginenstück stecken, dann ein Stück Lachs und zuletzt wieder ein Auberginenstück. Die Spieße auf ein mit Alufolie ausgelegtes Backblech legen.

4. Die Spieße von jeder Seite 1–2 Minuten lang grillen, bis der Fisch gar und alles schön karamellisiert ist.

5. Die Spieße auf 4 Teller verteilen und mit den Sesamkörnern, den Frühlingszwiebeln und den Kräutern bestreuen.

VEGANES CHILI MIT GUACAMOLE UND SALSA

*VEGETARISCH *MILCHFREI *GLUTENFREI

Ein veganes Chili kann genauso lecker und nahrhaft sein wie sein fleischhaltiges Gegenstück. Die kräftigen und erdigen Gewürze, die delikaten Süßkartoffeln und die cremigen Bohnen, abgerundet durch scharfe Guacamole und Salsa, ergeben eine wunderbar ausgewogene Mahlzeit.

4–6 Portionen

Für das Chili

3 TL Kokosöl
600 g Süßkartoffeln, geschrubbt und in 2 cm große Würfel geschnitten
1 TL Kreuzkümmelpulver
1 TL mildes Chilipulver
1 TL geräuchertes Paprikapulver
1 Zwiebel, fein gehackt
2 Knoblauchzehen, gepresst
1 grüne Paprikaschote, klein geschnitten
2 Dosen Tomatenstücke à 400 g
1 EL Tomatenmark
1 Dose Kidneybohnen (400 g)
1 Dose schwarze Bohnen (400 g)
Meersalz und frisch gemahlener schwarzer Pfeffer

Fortsetzung auf der nächsten Seite

1. Bereiten Sie zuerst das Chili zu. Hierfür 1 TL Kokosöl in einer großen Pfanne auf mittlerer Stufe erhitzen. Die Süßkartoffelstücke darin 4–5 Minuten lang braten, bis sie von allen Seiten schön goldgelb sind. Mit einem Schaumlöffel aus der Pfanne nehmen und beiseitestellen.

2. Die Hitze leicht reduzieren und das restliche Öl hinzufügen. Sobald es geschmolzen ist, die Gewürze hinzufügen. 1–2 Minuten lang rösten, bis sie duften.

3. Die Hitze noch weiter reduzieren, die Zwiebel in die Pfanne geben und unter gelegentlichem Rühren 5–6 Minuten lang ganz sanft anschwitzen. Knoblauch und grüne Paprika hinzufügen und weitere 2–3 Minuten lang braten, bis die Paprika etwas Farbe angenommen hat und der Knoblauch glasig ist.

4. Die Tomatenstücke und das Tomatenmark sowie die Süßkartoffelstücke in die Pfanne geben, die Hitzezufuhr wieder etwas verstärken und das Ganze 6–8 Minuten lang köcheln lassen, bis es ein wenig reduziert und eingedickt ist. Die Bohnen abgießen und abspülen, in die Pfanne geben und weitere 5 Minuten köcheln lassen. Mit Salz und Pfeffer abschmecken. Nun sollte das Chili ziemlich dickflüssig sein und die Süßkartoffeln sollten weich sein.

Fortsetzung auf der nächsten Seite

VEGANES CHILI MIT GUACAMOLE UND SALSA
FORTSETZUNG

Für die Guacamole
1 große reife Avocado
½ Schalotte, fein gehackt
½ rote Chilischote, fein gewürfelt
Saft von ½ Limette (die Hälfte für die Salsa aufheben)
1–2 EL grob gehackte Korianderblätter

Für die Salsa
150 g Kirschtomaten, geviertelt
½ Schalotte, fein gehackt
½ rote Chilischote, fein gewürfelt
Limettensaft
1–2 EL grob gehackte Korianderblätter

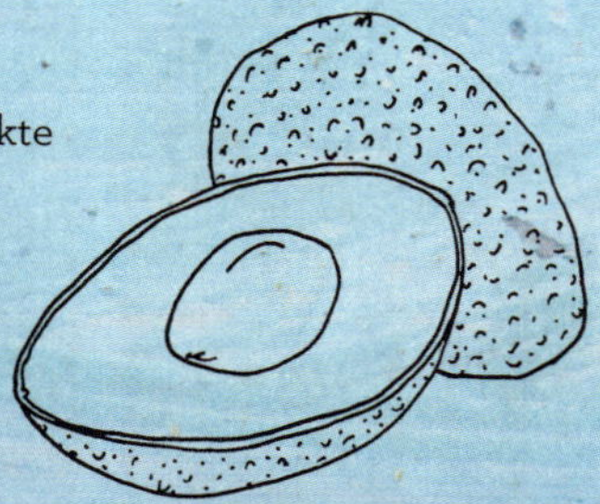

5. Bereiten Sie nun die Guacamole zu. Hierfür das Fruchtfleisch mit einem Löffel aus der Schale lösen und zusammen mit der halben Schalotte, den Chiliwürfeln, der Hälfte des Limettensaftes sowie dem Koriander in eine Schüssel geben. Alles mit einer Gabel zerdrücken und mit etwas Salz würzen.

6. Für die Salsa die Tomaten in eine separate Schüssel geben und die halbe Schalotte, die Chiliwürfel, den Limettensaft und den Koriander hinzufügen. Alles miteinander verrühren und mit Salz abschmecken.

7. Das Chili in Schüsseln füllen und mit einem Klecks Guacamole und Salsa servieren.

GRILLHÄHNCHEN MIT GRIECHISCHEM SALAT

*GLUTENFREI

Dieses griechisch inspirierte Gericht erinnert an Urlaub und laue Sommerabende. Das Hähnchen schmeckt warm zwar köstlich, kann aber auch im Voraus zubereitet und kalt zum Salat gegessen werden. Zwiebel, Essig und Tomaten sorgen für einen Schub Antioxidantien.

4 Portionen

- 4 mittelgroße Hähnchenbrustfilets
- Saft und Schale von 1 unbehandelten Zitrone
- 1 kleine Handvoll frischer Oregano, fein gehackt, oder ½ TL getrockneter Oregano
- Meersalz und frisch gemahlener schwarzer Pfeffer
- 2 TL Kokosöl, zerlassen

Für den Salat

- 1 rote Zwiebel, in feine Scheiben geschnitten
- 1 EL Weißwein- oder Apfelessig
- 200 g reife Strauchtomaten
- 50 g schwarze Kalamata-Oliven, entsteint
- 1 Gurke, geschält, entkernt und grob in Scheiben geschnitten
- 80 g hochwertiger Feta, zerkrümelt
- 2 TL frischer Oregano, grob gehackt, oder ½ TL getrockneter Oregano

1. Die Hähnchenbrustfilets zwischen zwei Bögen Pergamentpapier legen und mit einer Teigrolle ein wenig flach klopfen.

2. Das Fleisch in eine Schüssel legen, mit Zitronensaft beträufeln, Zitronenschale und Oregano hinzufügen, mit Salz und Pfeffer würzen. Mindestens 1 Stunde lang, am besten aber über Nacht, im Kühlschrank marinieren lassen.

3. Das Hähnchenfleisch 15 Minuten vor der Zubereitung aus dem Kühlschrank nehmen. Eine Grillpfanne auf mittlerer Stufe heiß werden lassen. Das Fleisch mit Kokosöl beträufeln und, sobald die Pfanne ziemlich heiß ist, von jeder Seite ca. 4–5 Minuten lang braten, bis der austretende Fleischsaft klar ist.

4. Für den Salat die Zwiebel in eine Salatschüssel geben und mit dem Essig übergießen. Tomaten, Oliven, Gurke und Feta hinzufügen.

5. Das Hähnchen auf 4 Teller verteilen, mit Oregano bestreuen und mit dem Salat servieren.

PUTENFRIKADELLEN MIT FENCHEL-KRAUTSALAT

*GLUTENFREI

Diese schnellen und aromatischen Frikadellen eignen sich großartig für ein schnelles Abendessen unter der Woche oder für ein sommerliches Grillfest. Der knackige Salat mit Zitrusaroma ist eine köstliche Alternative zum herkömmlichen sahnigen Krautsalat.

4 Portionen

Für die Frikadellen

500 g Putenhackfleisch
3 Frühlingszwiebeln, in feine Scheiben/Ringe geschnitten
50 g würziger Käse (z.B. Feta), zerkrümelt
2 EL Petersilie, fein gehackt
Meersalz und frisch gemahlener schwarzer Pfeffer
2 TL Kokosöl

Für den Salat

1 große Fenchelknolle, in feine Scheiben geschnitten
1 Schalotte, in feine Scheiben geschnitten
¼ Kopf Rotkohl, in feine Streifen geschnitten
1 Orange, geschält und in Segmente geteilt
½ TL Fenchelsamen
2 TL Olivenöl
20 g Pekannüsse, grob gehackt

1. Für die Frikadellen das Hackfleisch mit den Frühlingszwiebeln, dem Käse und der Petersilie vermischen, mit Salz und Pfeffer würzen. Aus der Fleischmasse 4 Frikadellen formen und beiseitestellen.

2. Das Öl in einer großen antihaftbeschichteten Pfanne auf mittlerer Stufe erhitzen. Die Frikadellen darin von jeder Seite 5–6 Minuten lang braten, bis sie goldbraun und vollständig durchgegart sind.

3. Für den Salat alle Zutaten miteinander vermischen und mit etwas Salz und Pfeffer würzen.

4. Die Frikadellen auf 4 Tellern anrichten und mit dem Fenchel-Krautsalat servieren.

Verwenden Sie am besten Putenfleisch aus der Keule, weil das saftiger ist als die Brust. Es ist auch magerer als Hähnchenfleisch.

KOKOSMEHL

KÖRNER-KOKOSMEHL-BROT

*VEGETARISCH *GLUTENFREI *MILCHFREI

Der Teig für dieses Brot mit reichlich Körnern muss nicht geknetet werden und auch nicht gehen. Man braucht einfach nur die Zutaten zu vermischen und abzubacken. Außerdem ist es ein großartiges gluten- und milchfreies Grundnahrungsmittel. Es schmeckt wundervoll, wenn man es einfach nur in Scheiben schneidet oder wenn man es toastet und mit Nussbutter bestreicht.

Ergibt ca. 900 g

150 g gemahlene Mandeln
100 g Kokosmehl
1 ½ TL Backpulver
½ TL Natron
Meersalz
75 g gemischte Körner (z.B. Mohn, Sonnenblumenkerne, Leinsamen und Kürbiskerne)
6 große Eier
50 g Kokosöl, zerlassen
1 ½ EL Zitronensaft

1. Den Backofen auf 190 °C (Umluft 170 °C) vorheizen.
Die gemahlenen Mandeln in eine große Rührschüssel geben, eventuell vorhandene Klumpen zerkleinern. Kokosmehl, Backpulver und Natron in die Schüssel sieben, Salz und Körner untermischen und in die Mitte eine Vertiefung drücken.

2. Eier, Kokosöl und Zitronensaft unterrühren und die Masse in eine mit Backpapier ausgekleidete Kastenkuchenform füllen. 40–45 Minuten lang backen, bis das Brot goldgelb und durchgebacken ist.

3. Das Brot 10 Minuten lang in der Form abkühlen lassen, anschließend auf ein Kuchengitter setzen und vollständig erkalten lassen. In einem luftdicht verschließbaren Behälter hält sich das Brot 3 Tage lang.

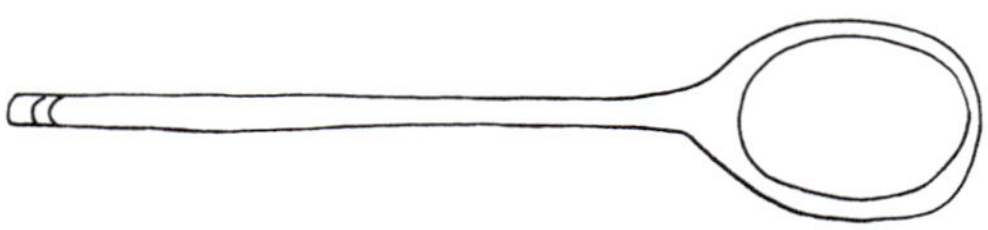

DATTELBROT

*VEGETARISCH *GLUTENFREI *MILCHFREI

Dieses süße Brot ist eine gesündere Variante des traditionellen englischen Karamellpuddings, schmeckt aber gleichermaßen köstlich und enthält jede Menge Ballaststoffe und Eiweiß. Genießen Sie es warm mit einer großzügigen Portion „Karamell"-Sauce.

12 Portionen

200 g Medjool-Datteln, entsteint und fein gehackt
250 ml kochendes Wasser
1 TL Natron
60 g Kokosöl, zerlassen
50 g Kokosblütenzucker
3 große Eier, kurz verquirlt
1 TL Vanilleextrakt
125 g glutenfreies Mehl
75 g Kokosmehl
1 TL Backpulver
1 TL Xanthan

Für die Sauce

150 ml Kokossahne
30 g Kokosblütenzucker
1 TL Vanilleextrakt

1. Den Backofen auf 180 °C (Umluft 160 °C) vorheizen. Eine Kastenkuchenform (für ca. 1 kg schwere Brote) dünn einfetten und mit Backpapier auskleiden.

2. Die gehackten Datteln in eine Schüssel geben, mit kochendem Wasser übergießen und das Natron unterrühren. Bis zur Verwendung beiseitestellen.

3. In einer separaten großen Rührschüssel das Öl, den Zucker, die Eier und den Vanilleextrakt verquirlen. Die beiden Mehlsorten, das Backpulver und das Xanthan in die Schüssel sieben und alles zu einem dickflüssigen Teig verarbeiten. Die Datteln mit dem Einweichwasser hinzufügen und unterheben, um die Mischung etwas zu verdünnen.

Schauen Sie nach 30 Minuten nach dem Brot: Wenn es etwas zu dunkel aussieht, können Sie für den Rest der Backzeit ein Stück Alufolie darüberlegen.

4. In die vorbereitete Backform gießen und 45–50 Minuten lang backen, bis das Brot aufgegangen und goldgelb ist. An einem in die Mitte gesteckten Spieß sollten keine Teigreste mehr haften.

5. Das Dattelbrot aus dem Ofen nehmen und zunächst 10 Minuten lang in der Backform abkühlen lassen, anschließend stürzen.

6. Für die Sauce die Kokossahne und den Zucker in einen Topf geben, bei mittlerer Hitze aufsetzen und 5–6 Minuten lang köcheln lassen, bis die Flüssigkeit leicht eingedickt ist. Den Vanilleextrakt unterrühren und mit einer Scheibe Dattelbrot servieren. Am besten schmeckt das Dattelbrot warm, es hält sich aber in einem luftdicht verschließbaren Behälter 3 Tage lang.

KRÄUTER-FLADENBROTE

*VEGETARISCH *GLUTENFREI *MILCHFREI

Diese einfachen Fladenbrote sind total leicht zuzubereiten und eignen sich perfekt als Begleiter für Dips, Dals und Suppen. Versuchen Sie sie doch einmal zu der Süßkartoffel-Harissa-Suppe von S. 39.

Ergibt 4 Stück

50 g Kokosmehl
½ TL Xanthan
1 TL Backpulver
Meersalz
3 mittelgroße Eier, verquirlt
2 EL gemischte frische Kräuter (z.B. Petersilie, Thymian, Rosmarin und Salbei), fein gehackt
2 EL Kokosöl, zerlassen

1. Mehl, Xanthan, Backpulver und eine große Prise Salz in eine Schüssel sieben.

2. In die Mitte eine Vertiefung drücken und die Eier, die Kräuter und das Kokosöl hineingeben. Die flüssigen Zutaten nach und nach mit den trockenen vermischen.

3. Eine antihaftbeschichtete Pfanne bei mittlerer Hitze heiß werden lassen. Mit feuchten Händen aus einem Viertel des Teiges einen Fladen formen. In die Pfanne legen und ohne Fett von jeder Seite 2–3 Minuten lang braten, bis er goldbraun ist. Diesen Vorgang so oft wiederholen, bis Sie 4 Fladenbrote hergestellt haben.

RAUCHIGE MAISPUFFER

*VEGETARISCH *GLUTENFREI *MILCHFREI

Diese rauchigen, süßen und nährstoffreichen Maispuffer sind wunderbare Leckerbissen für das Brunchbüfett. Avocado und Tomate liefern jede Menge Vitamine, Mineralstoffe und Antioxidantien.

4 Portionen

Für die Puffer

400 g Mais (abgetropft gewogen)
40 g Kokosmehl
25 g glutenfreies Mehl
1 ½ TL Backpulver
¼ TL Meersalz
1 TL geräuchertes Paprikapulver
2 Frühlingszwiebeln, fein gehackt
1 rote Chilischote, fein gehackt
3 mittelgroße Eier, kurz verquirlt
100–150 ml Mandelmilch
2 TL Kokosöl

Für die Salsa

100 g Tomaten, grob gehackt
1 Schalotte, fein gehackt
1 Handvoll frische Petersilie und Koriander, grob gehackt
Saft von 1 Limette
1 große reife Avocado, entsteint, geschält und in dünne Scheiben geschnitten

1. 300 g Mais in eine Rührschüssel geben, die beiden Mehlsorten, das Backpulver, das Salz und das Paprikapulver darübersieben. Frühlingszwiebeln und Chili hinzufügen und alles gründlich miteinander vermischen.

2. Den restlichen Mais in eine Küchenmaschine geben, die Eier hinzufügen und beides zu einer ziemlich homogenen Masse verarbeiten. Diese über die Mehl-Mais-Mischung geben und zu einem Teig verarbeiten. Nach und nach so viel Mandelmilch hinzufügen, bis sich eine ziemlich dickflüssige Konsistenz ergibt.

3. Das Öl in einer antihaftbeschichteten Pfanne bei mittlerer Hitze heiß werden lassen. 2 gehäufte EL Teig in die Pfanne geben und von jeder Seite 2–3 Minuten lang braten, bis sie durchgebacken und goldgelb sind. Diesen Vorgang mit dem restlichen Teig wiederholen. Beiseitestellen und warm halten.

4. Für die Salsa die Tomaten, die Schalotte, die Kräuter und den Limettensaft vermischen und die Avocado damit übergießen.

5. Die Maispuffer auf einen großen Teller stapeln, die Salsa daraufgeben und servieren.

ERDNUSSBUTTER-PLÄTZCHEN

*VEGETARISCH *GLUTENFREI

Diese nussigen Plätzchen sind die perfekten Leckerbissen für den Nachmittag. Während des Backvorgangs gehen sie für gewöhnlich ziemlich auf, sodass es sich empfiehlt, sie zu Scheiben flachzuklopfen, damit sie eine flache, runde Form erhalten.

Ergibt 16–20 Stück

- 75 g gemahlene Mandeln
- 60 g Kokosmehl
- 1 TL Backpulver
- 1 TL Xanthan
- 150 g Erdnussbutter mit Stückchen
- 75 g Kokosöl, zerlassen
- 3 mittelgroße Eier, verquirlt
- 75 g Kokosblütenzucker
- 50 ml Ahornsirup
- 1 TL Vanilleextrakt
- 50 g hochwertige dunkle Schokolade, mindestens 70 Prozent Kakaoanteil, fein gehackt

1. Den Backofen auf 180 °C (Umluft 160 °C) vorheizen. Zwei Backbleche mit Backpapier auslegen.

2. Die gemahlenen Mandeln in eine große Rührschüssel streuen, eventuell vorhandene Klümpchen zerkleinern. Kokosmehl, Backpulver und Xanthan über die Mandeln sieben. In die Mitte eine Vertiefung drücken.

3. Zunächst die Erdnussbutter in die Vertiefung geben, dann das Öl, die Eier, den Zucker, den Ahornsirup und den Vanilleextrakt hinzufügen. Die flüssigen Zutaten mit den trockenen verquirlen, sodass ein zäher Teig entsteht. Die Schokolade unterrühren.

4. Die Masse esslöffelweise zwischen den Handflächen zu Scheiben drücken und diese im Abstand von mindestens 2 cm auf die vorbereiteten Backbleche legen.

5. Die Plätzchen 10–12 Minuten lang backen, bis sie aufgegangen und goldgelb sind. 10 Minuten lang auf den Backblechen auskühlen lassen, anschließend auf ein Kuchengitter legen. Die Plätzchen schmecken köstlich, wenn sie warm sind, halten sich in einem luftdicht verschließbaren Behälter aber 3 Tage lang.

PANCAKES MIT BANANE IN AHORNSIRUP

*VEGETARISCH *GLUTENFREI *MILCHFREI

Wenn Sie diese luftig-leichten Pancakes mit den üppigen, karamellisierten Bananen einmal probiert haben, werden Sie sie mit Sicherheit in Ihr festes Frühstücks- und Brunch-Repertoire aufnehmen. Das Kokosmehl erzeugt weitaus leichtere Pancakes als sein schwer verdauliches, glutenhaltiges Pendant.

2 Portionen

50 g Kokosmehl
1 TL Backpulver
Meersalz
3 EL Kokosöl, zerlassen, und zusätzlich zum Backen
4 große Eier, kurz verquirlt
100 ml Kokos- oder Mandelmilch
2 Bananen, in Scheiben geschnitten
6 EL Ahornsirup

1. Bereiten Sie zuerst den Teig zu. Hierfür das Mehl und das Backpulver in eine Rührschüssel sieben. Etwas Salz unterrühren und in die Mitte eine Vertiefung drücken. Öl und Eier hineingeben und miteinander verquirlen, dabei nach und nach das Mehl einarbeiten. So viel Milch unterrühren, dass der Teig die Konsistenz von extrafetter Sahne bekommt.

2. Etwas Kokosöl in einer großen, antihaftbeschichteten Pfanne erhitzen und 2 EL Teig mit etwas Abstand in die Pfanne geben. Die Pancakes 1–2 Minuten lang backen. Wenn sie an den Rändern fest sind und sich an der Oberfläche Bläschen gebildet haben, die Pancakes umdrehen und weitere 1–2 Minuten lang backen, bis sie aufgegangen, goldgelb und luftig sind. Diesen Vorgang mit dem restlichen Teig wiederholen, bis er aufgebraucht ist. Währenddessen die fertigen Pancakes beiseitestellen und warm halten.

3. Die Pfanne auf der Kochstelle lassen und ein bisschen mehr Öl hineingeben. Die Bananenscheiben darin 30 Sekunden lang braten, bis sie anfangen, ein wenig Farbe anzunehmen. 2 EL Ahornsirup hinzufügen, die Bananenscheiben umdrehen und weitere 30–60 Sekunden lang braten, bis sie goldgelb und von Sirup umhüllt sind.

4. Die Pancakes auf 2 Tellern anrichten und mit den Bananen und dem restlichen Ahornsirup servieren.

ORANGEN-MOHN-MUFFINS

*VEGETARISCH *MILCHFREI

Diese ballaststoff- und proteinreichen Muffins schmecken ausgezeichnet zum Frühstück oder zum Nachmittagstee. Wenn sie gerade Saison haben, können Sie zur Abwechslung auch einmal die süßen Blutorangen mit dem rubinroten Fruchtfleisch verwenden.

Ergibt 12 Stück

200 g Dinkelmehl
50 g Kokosmehl
1 TL Backpulver
½ TL Natron
4 mittelgroße Eier, kurz verquirlt
75 g Kokosöl oder Butter, zerlassen
100 g Kokosblütenzucker
2 unbehandelte Orangen, die Schale abgerieben, das Fruchtfleisch geschält und quer in je 6 Scheiben geschnitten
2 EL Mohn
100–150 ml Mandel- oder Kokosmilch

1. Den Backofen auf 180 °C (Umluft 160 °C) vorheizen. Eine Muffin-Backform mit 12 Vertiefungen mit Papierförmchen auskleiden.

2. Beide Mehlsorten, Backpulver und Natron in eine große Schüssel sieben. In die Mitte der trockenen Zutaten eine Vertiefung drücken und in diese die Eier, das Kokosöl bzw. die Butter, den Zucker, die Orangenschale und den Mohn geben. Mit einem Metalllöffel die flüssigen Zutaten unter die trockenen heben und so viel Milch hinzufügen, dass der Teig schwer reißend vom Löffel fällt.

3. Die Muffinförmchen zu zwei Dritteln mit Teig füllen und mit einer Orangenscheibe belegen. 18–20 Minuten lang backen, bis an einem in die Mitte gesteckten Spieß keine Teigreste mehr haften.

4. Warm oder kalt servieren. In einem luftdicht verschließbaren Behälter halten sich die Muffins 2 Tage lang.

Wenn Sie Blutorangen verwenden, erhalten Sie einen extra Vitamin-C-Schub: Sie können bis zu 40 Prozent mehr Vitamin C enthalten als andere Orangen.

PISTAZIEN-BROWNIES

*VEGETARISCH *GLUTENFREI

Weiche und klebrige Schokoladen-Brownies sind der Gipfel aller Genüsse. Probieren Sie doch einmal diese etwas weniger sündige Leckerei aus, die reichlich gute Fette, ballaststoffreiches Kokosmehl und dunkle Schokolade mit vielen Antioxidantien enthält.

Ergibt 16 Quadrate

175 g Kokosöl oder Butter
200 g hochwertige dunkle Schokolade, mindestens 70 Prozent Kakaoanteil, grob gehackt
50 g gemahlene Mandeln
75 g Kokosmehl
10 g Kakaopulver
150 g Kokosblütenzucker
50 ml Ahornsirup
3 mittelgroße Eier, kurz verquirlt
1 TL Vanilleextrakt
100 g Pistazienkerne, grob gehackt

1. Den Backofen auf 180 °C (Umluft 160 °C) vorheizen. Eine quadratische Backform mit 20 cm Seitenlänge fetten und mit Backpapier auskleiden.

2. Öl bzw. Butter und Schokolade in einen Topf geben. Bei sehr milder Hitze unter gelegentlichem Rühren langsam schmelzen lassen. Sobald Schokolade und Fett geschmolzen sind, den Topf von der Kochstelle nehmen und beiseitestellen.

3. Die gemahlenen Mandeln in eine große Rührschüssel streuen und dabei eventuell vorhandene Klümpchen zerkleinern. Kokosmehl und Kakaopulver in die Schüssel sieben.

4. In einer separaten Schüssel den Kokosblütenzucker, den Ahornsirup und die Eier mit einem elektrischen Handrührgerät so lange verquirlen, bis die Masse schaumig und heller geworden ist. Das dauert ca. 3–4 Minuten.

5. Die Eiermasse über die trockenen Zutaten gießen und mit einem großen Metalllöffel behutsam unterheben. Die geschmolzene Schokolade, den Vanilleextrakt und drei Viertel der Pistazien hinzufügen und ebenfalls vorsichtig unterheben, damit nicht zu viel Luft aus der Masse geschlagen wird.

6. Die Masse in die vorbereitete Backform füllen, mit den restlichen Pistazien bestreuen und 20–25 Minuten lang backen, bis die Brownies an der Oberfläche knusprig und gerade fest sind. Vor dem Portionieren etwas abkühlen lassen. In einem luftdicht verschließbaren Behälter halten sich die Brownies 3 Tage lang.

KOKOSRASPEL UND KOKOSCHIPS

GEGRILLTES GEMÜSE

*VEGETARISCH *GLUTENFREI *MILCHFREI

Dieses gegrillte Gemüse schmeckt toll als Beilage oder auch alleine. Sumach und Zitrone sorgen für Säure, die durch die nussige Süße der Kokosnuss gemildert wird.

4 Portionen

Für die Marinade

2 TL Kokosöl, zerlassen
2 Knoblauchzehen, gepresst
¼ TL Sumach
Schale von 1 unbehandelten Zitrone (den Saft zum Servieren aufheben)
Meersalz und frisch gemahlener schwarzer Pfeffer

Für das Gemüse

1 Fenchelknolle, in 8 Spalten geschnitten
200 g grüner Spargel, die holzigen Enden abgeschnitten
200 g Brokkoliröschen
200 g Kirschtomaten an der Rispe
20 g Kokoschips

1. Bereiten Sie zuerst die Marinade zu. Hierfür das Kokosöl in eine große Rührschüssel gießen und den Knoblauch, den Sumach und die Zitronenschale hinzufügen. Mit je 1 Prise Salz und Pfeffer nach Belieben würzen.

2. Fenchel, Spargel, Brokkoli und Tomaten hinzufügen und in der Marinade wenden.

3. Eine Grillpfanne bei mittlerer Hitze aufsetzen. Sobald die Pfanne heiß ist, etwas Gemüse in einer Lage hineinlegen. Von jeder Seite ca. 2 Minuten lang braten, bis das Gemüse weich und leicht angebrannt ist. Beiseitestellen, warmhalten und den Vorgang mit dem restlichen Gemüse wiederholen.

4. Die Kokoschips in der Grillpfanne kurz rösten, bis sie goldgelb sind.

5. Das Gemüse auf 4 Tellern anrichten, mit Zitronensaft beträufeln und mit Kokoschips bestreuen.

GEGRILLTER KABELJAU MIT KRÄUTERN

*GLUTENFREI *MILCHFREI

Bei diesem delikaten und belebenden Abendessen muss man die Zeit gut im Auge behalten, aber das Ergebnis ist einfach fabelhaft. Der Radieschensalat und die Kokoschips sind eine gute Ballaststoffquelle.

4 Portionen

4 Kabeljaufilets ohne Haut à ca. 175 g
2 EL Kokosöl, zerlassen, oder Olivenöl
Saft und Schale von 1 unbehandelten Zitrone
1 Schalotte, fein gehackt
200 g Radieschen, halbiert
Meersalz und frisch gemahlener schwarzer Pfeffer
20 g Kokoschips

Zum Servieren

1 Handvoll gemischte frische Kräuter (z.B. Basilikum, Dill und Petersilie), grob gehackt
100 g Salatblätter

1. Den Backofengrill auf mittlerer Stufe vorheizen. Die Fischfilets mit der Hälfte des Öls einpinseln und auf ein mit Alufolie ausgelegtes Backblech legen. Mit der abgeriebenen Zitronenschale bestreuen und 10–12 Minuten lang grillen, bis der Fisch bei Berührung zerfällt. Beiseitestellen und warm halten.

2. In der Zwischenzeit den Zitronensaft über die Schalotte gießen und beiseitestellen. Die Radieschen mit dem restlichen Öl vermischen, mit etwas Salz und Pfeffer würzen und 3–4 Minuten lang grillen, bis sie leicht Farbe angenommen haben. 30 Sekunden vor Ende der Zeit die Kokoschips über die Radieschen streuen.

3. Den Fisch auf Tellern anrichten und mit den Schalotten, den Radieschen und den Kokoschips bestreuen. Die Kräuter und Salatblätter dazu servieren.

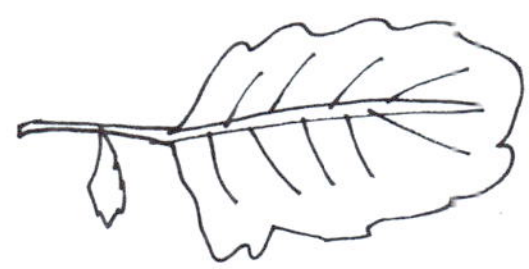

SCHARFES HÄHNCHEN MIT GURKENSALAT

*GLUTENFREI *MILCHFREI

Die leichte und nussige Knusperhülle aus Kokosraspeln bietet eine köstliche und ballaststoffreiche Alternative zur herkömmlichen Panade aus Semmelbröseln. Servieren Sie das Hähnchen als leichtes Abendessen mit einem würzigen, kühlenden Gurkensalat.

4 Portionen

60 g Kokosraspel
1 unbehandelte Limette, mit einem Zestenreißer geschält, anschließend für die Dekoration in Spalten geschnitten
¼ TL Chiliflocken
Meersalz und frisch gemahlener schwarzer Pfeffer
1 großes Ei, kurz verquirlt
4 mittelgroße Hähnchenbrustfilets ohne Haut
1 EL Kokosöl, zerlassen

Für den Salat

1 EL Reisweinessig
1 TL Kokosblüten- oder Palmzucker
1 große Gurke, längs halbiert, entkernt und grob in Scheiben geschnitten oder 250 g Mini-Gurken, in Scheiben geschnitten
je 1 kleine Handvoll Koriander, Minze und Dill, grob gehackt

1. Den Backofen auf 200 °C (Umluft 180 °C) vorheizen. In einem flachen Gefäß die Kokosraspel mit der Limettenschale und einer Prise Chiliflocken vermischen. Mit Salz und Pfeffer behutsam würzen. Das verquirlte Ei in ein separates flaches Gefäß füllen.

2. Die Hähnchenbrustfilets zuerst in Ei tauchen und anschließend in der Kokosmischung wälzen. Auf ein Backblech legen, mit Kokosöl beträufeln und 18–20 Minuten lang im Backofen garen bzw. so lange, bis die Kruste goldgelb und austretender Fleischsaft klar ist.

3. In der Zwischenzeit den Salat zubereiten. Hierfür den Essig mit dem Zucker so lange verrühren, bis letzterer sich aufgelöst hat. Die Gurkenscheiben mit dem Dressing vermischen und mit den Kräutern und den restlichen Chiliflocken bestreuen.

4. Hähnchen und Salat auf Tellern anrichten und Limettenspalten hinzufügen.

ANANAS-CARPACCIO

*VEGETARISCH *GLUTENFREI *MILCHFREI

Ein Carpaccio verwandelt eine einfache, in Scheiben geschnittene Frucht in ein Gericht, mit dem Sie bei Ihren Gästen angeben können. Die knusprig gerösteten Kokoschips und der herbe Limettenzucker sorgen für wunderbare Texturen und Aromen.

4–5 Portionen

1 frische Ananas
20 g Kokoschips
Schale von 1 unbehandelten Limette
15 g Kokosblütenzucker

1. Um die Ananas zuzubereiten, den Boden und die Blätter abschneiden und die Frucht aufrecht auf ein Schneidbrett stellen. Die Schale von oben nach unten streifenweise abschneiden und die Augen mit einem kleinen Messer herausschneiden. Die Ananas hinlegen und in feine Scheiben schneiden.

2. Die Kokoschips in einer kleinen antihaftbeschichteten Pfanne goldgelb rösten. Aus der Pfanne nehmen und beiseitestellen.

3. Die Ananasscheiben auf einen Servierteller legen und mit den Kokoschips bestreuen. Die Limettenschale mit dem Zucker vermischen, über die Ananas streuen und sofort servieren.

DATTEL-KAKAO-ENERGIEKUGELN

*VEGETARISCH *GLUTENFREI *MILCHFREI

Diese zarten Energiekugeln erinnern eher an Schokoladentrüffel, sind aber weitaus gesünder, weil sie voller Nährstoffe und gesunder Fette stecken. Genießen Sie sie vor Ihrem Training im Fitnessstudio oder als nachmittäglichen Snack.

Ergibt 16–18 Stück

- 200 g Medjool-Datteln, entsteint
- 1 EL Kokosöl
- ¼ TL Zimt
- 60 g Kokosraspel und 2 EL zum Servieren
- 3 EL Kakaopulver (achten Sie bei Bedarf darauf, dass es milchfrei ist)

1. Datteln, Öl, Zimt, 60 g Kokosraspel und 1 EL Kakaopulver in eine Küchenmaschine geben und zu einer homogenen Masse verarbeiten.

2. Aus der Masse mit feuchten Händen kleine Kugeln formen. Die restlichen Kokosraspel auf einen Teller streuen, das restliche Kakaopulver auf einen weiteren Teller. Die Hälfte der Kugeln in den Kokosraspeln wälzen, die andere Hälfte im Kakaopulver. Im Kühlschrank fest werden lassen.

Diese Energiekugeln halten sich im Kühlschrank bis zu 10 Tage lang. Die perfekte Zwischenmahlzeit, wenn man mal wieder von Gelüsten überfallen wird!

SAUERKIRSCH-PLÄTZCHEN

*VEGETARISCH *MILCHFREI

Diese weichen und überaus leckeren, mit getrockneten Sauerkirschen veredelten Haferplätzchen passen ganz wunderbar zu einer Tasse Tee oder heißer Schokolade (versuchen Sie doch einmal die heiße Schokolade mit Kardamom von S. 17). Sie sind auch ideal für die Lunchbox.

Ergibt 12–16 Stück

40 g Kokosmehl
½ TL Backpulver
½ TL gemahlener Zimt
90 g Haferflocken
25 g Kokosraspel
75 g Kokosöl oder Butter, zerlassen
75 g Kokosblüten- oder feiner hellbrauner Zucker
50 ml Ahornsirup
1 großes Ei, kurz verquirlt
60 g getrocknete Sauerkirschen, grob gehackt

1. Den Backofen auf 180 °C (Umluft 160 °C) vorheizen. Zwei große Backbleche mit Backpapier belegen und beiseitestellen.

2. Kokosmehl, Backpulver und Zimt in eine große Rührschüssel sieben. Haferflocken und Kokosraspel unterrühren und in die Mitte eine Vertiefung drücken. In diese das verflüssigte Öl bzw. die Butter, den Zucker, den Ahornsirup und das Ei geben. Die flüssigen Zutaten mit den trockenen verquirlen und zu einem zähen, klebrigen Teig verarbeiten. Die Kirschen unterrühren.

3. Gehäufte Esslöffel der Masse mit mindestens 4 cm Abstand auf die vorbereiteten Backbleche setzen.

4. Im Backofen 12–14 Minuten lang backen, bis die Plätzchen goldgelb und aufgegangen sind. 10 Minuten lang auf den Blechen auskühlen lassen, anschließend auf ein Kuchengitter setzen und vollständig erkalten lassen.
In einem luftdicht verschließbaren Behälter halten sich die Plätzchen 3 Tage lang.

CRANBERRY-KÜRBISKERN-RIEGEL

*VEGETARISCH *MILCHFREI

Diese Haferriegel sind die ideale, energieliefernde Zwischenmahlzeit. Bereiten Sie einen Schwung davon zu und halten Sie sie für das tägliche Nachmittagstief bereit.

Ergibt 12 Stück

6 Medjool-Datteln, entsteint
50 ml heißes Wasser
50 g Kokosöl, zerlassen
2 EL Erdnussbutter mit Stückchen
2 EL Honig
1 große Banane, grob in Stücke geschnitten
200 g kernige Haferflocken
75 g Kokosraspel
50 g getrocknete Cranberrys
80 g Kürbiskerne

1. Den Backofen auf 160 °C (Umluft 140 °C) vorheizen. Eine quadratische Backform mit 20 cm Seitenlänge fetten und mit Backpapier auskleiden.

2. Die Datteln 10 Minuten lang in dem heißen Wasser einweichen. Anschließend mit der Einweichflüssigkeit in eine Küchenmaschine geben, Kokosöl, Erdnussbutter, Honig und Banane hinzufügen. Zu einem relativ glatten Püree verarbeiten.

3. Die Masse in eine Schüssel füllen und die Haferflocken, die Kokosraspel, die Cranberrys und die Kürbiskerne unterrühren. In die vorbereitete Backform füllen und 50–60 Minuten lang backen, bis die Masse goldbraun und leicht knusprig ist. Erkalten lassen, anschließend in 12 Stücke schneiden. In einem luftdicht verschließbaren Behälter halten sich die Riegel 4 Tage lang.

Für einen besonders intensiven Geschmack können Sie die Kokosraspel und Haferflocken in einer Pfanne ohne Fett leicht rösten, bevor Sie sie unter die Masse rühren.

GESUNDE BANANEN-KARAMELL-SPEISE

*VEGETARISCH *GLUTENFREI

Diese Nachspeise bereitet etwas Mühe, aber der Aufwand lohnt sich in jedem Fall. Diese gesündere Version des klassischen Desserts ist eine Offenbarung – perfekt für das Bewirten von Gästen.

4 Portionen

Für das „Karamell“

200 ml Kokossahne
50 g Kokosblütenzucker
1 Prise Meersalz

Für die Basis

30 g Kokosraspel
30 g Pekannüsse
1 Medjool-Dattel, entsteint
1 TL Kokosöl

Für das Topping

125 ml Kokossahne, gekühlt
2 Bananen, in Scheiben geschnitten
20 g hochwertige dunkle Schokolade, mindestens 70 Prozent Kakaoanteil, gerieben

1. Bereiten Sie zunächst das Sahnekaramell zu. Hierfür die Kokossahne und den Zucker in einen kleinen Topf geben und bei mittlerer Hitze aufsetzen. Zum Kochen bringen und unter häufigem Rühren 6–8 Minuten lang köcheln lassen, bis die Sahne eingedickt ist. Das Salz unterrühren, beiseitestellen und abkühlen lassen.

2. Wenn das Karamell auf Zimmertemperatur abgekühlt ist, in eine Schüssel umfüllen, mit Frischhaltefolie abdecken und für mindestens 2 Stunden in den Kühlschrank stellen. Es kann bis zu 1 Woche im Voraus zubereitet werden.

3. Für die Basis alle Zutaten in eine Küchenmaschine geben und zu einer einigermaßen glatten und klebrigen Masse verarbeiten. Auf 4 Gläser oder Förmchen verteilen und 1 Stunde lang im Kühlschrank fest werden lassen.

4. Für das Topping die Kokossahne mit einem elektrischen Handrührgerät so lange schlagen, bis sie dickflüssig ist. Je 1 Löffel Karamell über die Basis geben und verstreichen, damit es bis an den Rand des Glases bzw. Förmchens reicht. Mit Bananenscheiben belegen und darauf je 1 Klecks Sahne geben. Mit den Schokoraspeln bestreuen und sofort servieren.

REGISTER

L

M

N

O

P

R

S

T

V

DANKSAGUNG

Ein großes Dankeschön geht an alle bei Kyle Books, besonders an Claire Rogers. Ich bedanke mich bei Clare Winfield für die wunderschönen Fotografien und bei Wei für die großartigen Requisiten. Es war fantastisch, mit solch einem witzigen und kreativen Team zusammenzuarbeiten!

Ein Riesen-Dankeschön geht an Nicola, dafür, dass sie an den Tagen der Foto-Shootings meine rechte Hand war und für einige Lacher gesorgt hat. Vielen Dank auch an dich, Poppy, für dein gründliches Testen der Rezepte und deine allgemeine Brillanz.

Vielen herzlichen Dank auch an meine unglaublich talentierte Freundin Jenni Desmond für ihre wundervollen Illustrationen. Ich bin sehr glücklich darüber, dass wir endlich einmal zusammenarbeiten konnten.

Ich bedanke mich auch bei meinen tollen Freunden, meiner Familie und bei Bob für ihre Unterstützung und dafür, dass sie so eifrige Vorkoster waren.

Für meine Mama und Jess

VERLAGSGRUPPE PATMOS

PATMOS
ESCHBACH
GRÜNEWALD
THORBECKE
SCHWABEN

Die Verlagsgruppe
mit Sinn für das Leben

Anmerkungen:
Alle verwendeten Eier stammen aus Freilandhaltung. Zwiebeln und Knoblauch werden in der Regel vor der Verwendung geschält. Wir haben daher darauf verzichtet, diesen Arbeitsschritt aufzuführen.

Umschlaggestaltung: Finken & Bumiller, Stuttgart
Satz: Schwabenverlag AG, Ostfildern
Gedruckt in China
ISBN 978-3-7995-1171-1 (Print)
ISBN 978-3-7995-1237-4 (eBook)